INHALT

Transparente Fensterbilder haben ihren ganz besonderen Reiz, wie hier eine Szene aus „Von dem Fischer un syner Fru". Schwarzes Tonpapier und farbige Transparentpapiere sind die Ausgangsmaterialien für dieses Motiv

MATERIAL ZUM GESTALTEN

Für alle vorgestellten Fensterbilder braucht man keine besonderen Materialien; vieles werden Sie schon in Ihrem Haushalt finden, vor allem, wenn Sie öfter basteln und eine Sammlung an Papierresten angelegt haben. Das ist übrigens jedem zu empfehlen, denn auch kleine Schnipsel werden immer mal gebraucht.

PAPIERE

Das Kleid der Prinzessin besteht aus marmoriertem Geschenkpapier (siehe Seite 27)

Tonpapier und der stabilere Tonkarton sind die wichtigsten Materialien für Fensterbilder. Es gibt sie in verschiedenen Größen, in Einzelbögen oder in Mappen und Blöcken – und vor allen Dingen in einer reichen Farbauswahl.
Für filigrane Arbeiten ist Tonkarton (Fotokarton) nicht so sehr geeignet, denn er läßt sich schwerer schneiden als Tonpapier. Für größere Flächen oder als Rahmen ist er wegen seiner Stabilität jedoch gut zu gebrauchen. Es spricht auch nichts dagegen, Faltpapier, Origamipapier, Regenbogenpapier und so weiter einzusetzen. Manche Motive sehen auch gut aus, wenn man sie durch bunt bedrucktes Geschenkpapier ergänzt. Man sollte dann aber nur kleingemusterte Papiere wählen und sie höchstens für besondere Flächen einsetzen, sonst wirkt das Fensterbild viel zu unruhig oder überladen. Einseitig bedruckte Papiere muß man auf jeden Fall doppelt ausschneiden und gegeneinander kleben.
Für die stimmungsvollen, transparenten Bilder brauchen Sie farbiges Transparent- oder Drachenpapier. Man kann auch Seidenpapier verwenden, wenn man lieber zartere Farben wünscht. Durch Übereinanderkleben mehrerer Lagen erhält man intensivere, dunklere Töne oder auch interessante Mischfarben.
Bastelfolie in Gold oder in anderen Tönen erzeugt einen ganz besonderen Effekt. Gerade durch den Kontrast zur stumpfen Oberfläche der Tonpapiere wirkt es sehr reizvoll. Ganz anders sieht Kreppapier mit seiner geriffelten Struktur aus. (Vorsicht: Feucht hinterläßt es Flecken!)

FASERN, FARBEN UND STIFTE

Um ein Fensterbild lebendiger und plastischer werden zu lassen, können Sie aus Watte oder ungesponnener Wolle die Haare der Figuren gestalten. Auch Wollfäden und vor allem dünnes Nähgarn brauchen Sie hin und wieder, um zum Beispiel kleine Motivteile innerhalb des Bildes aufzuhängen.
Bunt- und Filzstifte sind unentbehrlich, wenn man weitere Akzente ins Bild setzen möchte. Man muß sich aber darüber im klaren sein, daß die Farben auf dem bunten Tonpapier anders wirken als auf weißem Untergrund. Deshalb machen Sie am besten immer eine Probe.

Papiere in allen Variationen, vor allem aber Tonpapier und -karton, braucht man für phantasievolle Fensterbilder. Wolle, Fäden und Stifte setzen Ihrem Kunstwerk ganz neue Akzente

HILFSMITTEL

Mit einer spitzen kleinen Schere und etwas Geduld kann man auch solche feinen Umrisse aus schwarzem Tonpapier ausschneiden (siehe Seite 31)

Papiere und Karton lassen sich leicht bearbeiten, deshalb müssen Sie sich vermutlich keine besonderen Werkzeuge zulegen: Sie werden das meiste im Haus haben. Die wichtigsten Dinge sind sicherlich Schere und Klebstoff. Damit Sie jedoch beim Übertragen der Motivteile vom Vorlagebogen und bei all den anderen Arbeitsschritten möglichst wenig Mühe haben, stelle ich Ihnen noch ein paar andere Utensilien vor; Sie können Ihnen eine große Hilfe sein und lassen alle Arbeiten besser gelingen.

Zum Übertragen der Teile für das ausgewählte Fensterbild benötigen Sie den Vorlagebogen, einen nicht zu weichen Bleistift, Kohle- oder Blaupapier und nicht zu starken Karton. Darauf pausen Sie am besten zuerst alle Motivteile für das Bild (Anspitzer und Radiergummi bereitlegen) ab. Wenn Sie die Kartonteile anschließend ausschneiden, haben Sie wiederverwendbare Schablonen, die Sie dann nur noch auf das jeweilige Papier legen und umzeichnen müssen, um die gewünschten Formen zu erhalten. Gerade bei mehrmals vorkommenden Bildelementen (sieben Zwerge, viele Tauben und ähnliches) oder wenn Sie ein Fensterbild mehrmals machen möchten, erspart Ihnen dieses Verfahren viel Zeit und Mühe und schont Ihren Vorlagebogen. Feine, filigrane Formen lassen sich aus Karton allerdings schlecht ausschneiden. Wollen Sie die Umrißlinien dagegen direkt vom Vorlagebogen auf das Tonpapier übertragen, verwenden Sie lieber gelbes Schneiderkopierpapier. Dessen Linien sieht man besonders auf dunklen Farben gut; außerdem schmiert es nicht und unerwünschte Linien lassen sich gut wegradieren.

Scheren sollten Sie in mehreren Größen bereitliegen haben. Für kleine, geschwungene Formen und Innenschnitte nehmen Sie ein kleine, für großzügigere Formen besser eine große Schere. Ein Papierschneidemesser ist für kleinteilige Formen und in der Verbindung mit einem Stahllineal (oder Holzlineal mit Stahlkante) besonders dann hilfreich, wenn gerade Linien geschnitten werden müssen (dicke Pappe unterlegen). Der Locher hilft Ihnen, kleine runde Formen herzustellen.

Doppelt gelegtes Tonpapier halten Sie mit einem Hefter zusammen, damit es beim Schneiden nicht verrutschen kann. So stellt man mühelos zwei exakt gleiche Formteile her. Ersatzweise können Sie zwei Lagen Papier auch mit etwas Klebeband an den Rändern verbinden.
Pritt Papierkleber oder Pritt Alleskleber hält Ihr Fensterbild schließlich zusammen. Zum Aufhängen reicht Nähgarn aus; am besten legen Sie es doppelt und ziehen es mit einer Nähnadel ein. Stimmen Sie die Farbe des Fadens auf die überwiegende Farbe im Bild ab. Sehr breite Fensterbilder hängt man am besten an zwei Fäden auf.

Legen Sie sich, bevor Sie mit dem Arbeiten beginnen, die benötigten Utensilien zurecht. Nicht alle abgebildeten Dinge brauchen Sie für jedes Fensterbild, doch viele dieser Hilfsmittel werden Ihre Arbeit leichter gelingen lassen

DIE TECHNIK

SCHABLONEN SCHNEIDEN

Wenn Sie ein Fensterbild aus diesem Büchlein nacharbeiten möchten, empfiehlt es sich, zuerst alle zu einem Bild gehörenden Teile vom Vorlagebogen auf einfachen Karton zu übertragen. (Wie viele Formen das jeweils sind, steht auf dem Vorlagebogen.) Wenn Sie alles ausschneiden, haben Sie wiederverwendbare Schablonen, nach denen Sie ganz einfach das Tonpapier zuschneiden können, ohne daß Sie jedesmal umständlich mit dem großen Bogen hantieren müssen.

Übertragen Sie mit Bleistift und Kohlepapier alle benötigten Teile auf einen mittelstarken Karton. Hier entstehen die Schablonen für den „Gestiefelten Kater“

Schneiden Sie mit einer kleinen und großen Schere die Schablonen aus

EIN FENSTERBILD ENTSTEHT

Verfolgen wir den „Gestiefelten Kater" in seiner Entstehung weiter. Suchen Sie als nächstes die passenden Farben aus Ihrem Tonkarton aus und ordnen Sie die Schablonen zu. (Wer keine Schablonen herstellen will, überträgt die Formen direkt auf das Tonpapier.)
Sie werden bemerkt haben, daß man viele Teile in doppelter Ausführung braucht. Diese genau gleichen Teile klebt man später mit Pritt Papierkleber paßgenau vorne und hinten an das Fensterbild, damit es von beiden Seiten ansehnlich wird. Für solche doppelt benötigten Teile falten und heften Sie das Papier einfach zusammen. Dadurch verschiebt es sich nicht beim Schneiden. Auf diese Weise erhalten Sie hinterher immer zwei identische Teile.

Legen Sie die Schablonen auf das Tonpapier und umfahren Sie die Umrisse mit Bleistift. Für doppelt benötigte Teile falten und heften Sie das Papier zusammen

Schneiden Sie alle Teile mit der Schere oder dem Papierschneidemesser sorgfältig aus. Doppelt geschnittene Teile legen Sie zusammen beiseite, damit es nicht zu Verwechslungen kommt

Arbeiten Sie zunächst an einer Seite des Fensterbildes weiter. Kleben Sie dazu auf eines der Rahmenteile die Stiefel, die Stulpen und den Sack auf. Dabei soll das obere Sackende hinter die Pfote des Katers geschoben werden

Drehen Sie dann alles herum und kleben Sie den zweiten Rahmen mit Kater paßgenau dagegen. Er hält jetzt den Sack zwischen seinen Vorderpfoten fest

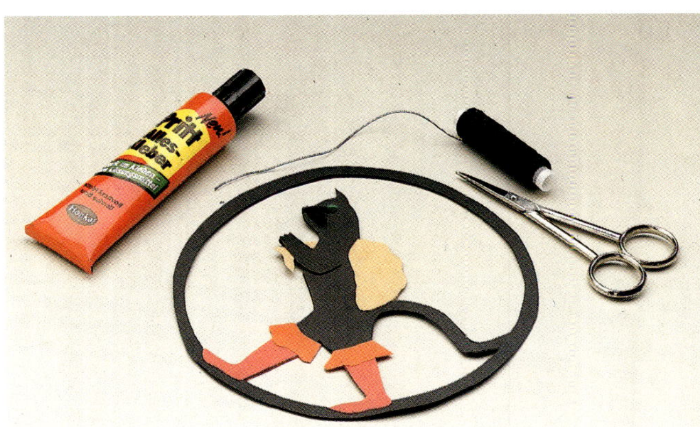

Zum Schluß werden die anderen Stiefel, die Stulpen, das kleinere Sackteil, die Augen und die Schnurrbarthaare aus Nähgarn mit Pritt Alleskleber angesetzt. Jetzt fehlt nur noch eine Aufhängung

TRANS-PARENTE BILDER

Transparente Fensterbilder wirken am besten, wenn für den Rahmen und die Bildmotive nur eine Sorte Tonpapier verwendet wird. Am besten nehmen Sie schwarzes Papier, denn so kommen die scharfen Umrisse in Verbindung mit den leuchtenden Farbflächen aus Transparent- oder Drachenpapier am besten zur Geltung. Wünschen Sie sehr zarte Farbtöne, können Sie auch Seidenpapier nehmen. Für dunklere oder gemischte Töne legen Sie einfach zwei oder mehrere Schichten Papier übereinander.

Bei Transparentbildern braucht man das Tonpapier nicht doppelt auszuschneiden. Ein Tip für Motive mit Formen, die im Wasser sind: Kleben Sie sie am besten von hinten mit Pritt Papierkleber gegen das blaue Transparentpapier, damit Sie etwas verschwommen wirken (siehe Seite 29).

Kleben Sie das Tonpapier sorgfältig mit Pritt Papierkleber auf das blaue Transparentpapier für den Hintergrund. Wollen Sie ein dunkleres Blau, setzen Sie einfach noch eine zweite Lage darunter und schneiden rundherum den Überstand weg

Für leuchtende Elemente im Bild (Mond, Sterne, Feuer und so weiter) schneiden Sie die entsprechenden Formen aus dem Hintergrund aus. Setzen Sie kleine Stücke Transparentpapier in Gelb oder in anderen Farben dahinter

AUSGESTALTUNG

Die meisten Fensterbilder, die ich hier vorstelle, bestehen nicht nur aus ausgeschnittenem und zusammengeklebtem Papier. Um sie etwas lebendiger zu gestalten, arbeite ich manche Details noch mit anderen Materialien aus. Auf dieser Doppelseite zeige ich einige Ausschnitte aus den fertigen Modellen, die auf den folgenden Seiten vollständig abgebildet sind. Ein Tip: Gehen Sie sparsam mit solchen Mitteln um, sonst wirkt ein Fensterbild schnell überladen und kitschig.

Für die „goldene Jungfrau" aus „Frau Holle" habe ich nur zwei Materialien verwendet. Das herabregnende Gold (mit dem Locher ausgestanzt) klebt man mit Pritt Alleskleber an dünne Nähgarnfäden oder setzt sie direkt auf das blaue Tonpapier. Das Muster an Kleid, Nase und Augen entstand durch viele Nadeleinstiche

Für eine Rose knüllen Sie ein kleines Stück Kreppapier zusammen und drücken es mit der Spitze eines schwarzen Filzstiftes auf etwas Pritt Papierkleber

Die Haare von Hänsel und Gretel bestehen aus Wolle. Wer keine ungesponnene Wolle zur Hand hat, kann auch farblich passendes Strickgarn auseinanderzupfen

Der Rock und der Kragen des Prinzessinnenkleides sind aus marmoriertem Geschenkpapier geschnitten, die Haare bestehen aus ungesponnener Wolle. Die Fugen am Mauerwerk des Brunnens habe ich mit Filzstift gezeichnet, mit Buntstift dagegen sind einige Steine schattiert, damit der Brunnen lebendiger wirkt

ES WAR EINMAL...

Den Auftakt unserer kleinen Fensterbildergalerie soll eines der bekanntesten Märchen bilden. Ein Kreisbogen, der aus mehreren Elementen zusammengefügt wird, ist die Basis für die Szene. Einige Teile für das Rotkäppchenbild müssen aus doppelt gelegtem Papier ausgeschnitten werden (siehe Vorlagebogen). Zum Aufhängen befestigt man ganz außen zwei Nähgarnfäden

Mit Spitzbart und einer großen Näh-nadel sitzt es da, das tapfere Schneiderlein, vor ihm die Fliegen, die ihm lästig wurden. „Sieben auf einen Streich", denkt es stolz über seine Tat nach...

Dieses Bild ist Ton-in-Ton gehalten. Der kreisförmige Rahmen mit den beiden Vorhängen macht es sicherlich zu einem interessanten Blickfang an Ihrem Fenster

Wie trickreich der Igel und seine Frau dem stolzen Hasen eins auswischen, davon erzählt ein anderes Märchen der Gebrüder Grimm: der Wettlauf endet schlimm für den von sich überzeugten Hasen

Selbstverständlich fällt ein Fensterbild zu dieser Geschichte sehr breit aus, wenn man die Länge der Laufstrecke wenigstens etwas andeuten möchte. Damit das Bild gerade aufgehängt werden kann, befestigen Sie es mit zwei Nähfäden an Ihrem Fenster. Die Augen der Tiere werden mit einem schwarzen Filzstift aufgemalt

„Nun waren aber gerade an jenem Tage, als der Königssohn kam, die hundert Jahre verflossen. Und als er sich der Dornenhecke näherte, war sie aus lauter großen schönen Blumen."

Dornröschen ruht bei diesem Fensterbild in einem runden Rahmen aus verzweigten, grünen Ranken. Solche filigranen Formen schneiden Sie am besten mit dem Papierschneidemesser aus. Für die Blüten, das Muster am Kleid, den Gürtel und das Gesicht verwendet man Filzstifte. Die Haare bestehen aus brauner, ungesponnener Wolle

„. . .aber Schneewittchen über den Bergen, bei den sieben Zwergen ist noch tausendmal schöner als Ihr."

Dort sind sie zu sehen: Die Zwerge machen sich soeben auf ins Gebirge, wo sie Erz hacken. Die Landschaft und das Häuschen sind aus braunem Tonpapier hergestellt. Vor diesem Hintergrund wirken die bunten Kittel der Zwerge und das rote Kleid von Schneewittchen besonders lebendig. Die Fläche für das Strohdach schneidet man fransig ein, das Fenster mit den Läden und die zarten Gardinen sind mit Filz- und Buntstift aufgemalt. Wählen Sie für die Zwerge sieben Farben

„Schneeweißchen war stiller als Rosenrot. Rosenrot sprang lieber in den Wiesen und Feldern umher, suchte Blumen und fing Schmetterlinge." So werden die beiden Geschwister im Märchen vorgestellt. „Die beiden Kinder hatten einander so lieb, daß sie sich immer an den Händen hielten, so oft sie zusammen ausgingen." Dieser Zusammenhalt und Gegensatz kommen gut in dem Bild zum Ausdruck; es ist symmetrisch aufgebaut, das Weiß und Rot kommen immer als umgekehrtes Paar vor. Damit das Fensterbild gut hängt und die Mädchen aufrecht stehen, führen Sie den Aufhängefaden von den Händen aus nach oben durch den Rahmen

Mit großen Schritten sieht man den gestiefelten Kater nach Hause eilen, denn er will seinem Herrn schnell einen Sack voll Gold bringen. Erinnern Sie sich noch, wie dieser schlaue Kater zu dem Reichtum gekommen ist? Übrigens können Sie auf Seite 8 bis 10 verfolgen, wie dieses Fensterbild gemacht wird

„Rapunzel, Rapunzel, laß dein Haar herunter!'' Immer, wenn es dunkel wurde, erschien der Königssohn, um Rapunzel in ihrem hohen Turm zu besuchen. Der Zopf aus Wolle wird mit Pritt Alleskleber zwischen die Turmteile geklebt

„. . .die guten ins Töpfchen, die schlechten ins Kröpfchen!" – die bekannte Aufforderung an die Tauben, Aschenputtel beim Verlesen der Linsen zu helfen. Dieses Märchen gehört wohl zu den beliebtesten auf der Welt: Man kennt es unter anderem in Japan, in China, bei den Arabern und den Indianern Nordamerikas.
Wichtig für das Fensterbild ist, daß man keine leuchtenden Farben für Aschenputtels Kleid auswählt. Die Tauben klebt man mit Pritt Alleskleber auf

„Das Tor ward aufgetan, und wie das Mädchen gerade darunter stand, fiel ein gewaltiger Goldregen, und alles Gold blieb an ihr hängen. ‚Das sollst du haben, weil du so fleißig gewesen bist', sprach Frau Holle."
Natürlich kommt man bei diesem Fensterbild nicht ohne Goldfolie aus, will man der Szene gerecht werden. Im Kontrast zu dem matten Blau des Tores kommt der Glanz besonders gut zur Geltung

Das Knusperhäuschen, das ganz mit Brot und Kuchen bedeckt ist, und die steinalte Frau, die sich als böse Hexe entpuppte, gehören unbedingt zu einem Märchenbild mit Hänsel und Gretel dazu. Der dichte Wald, in dem sich beide verlaufen hatten, wird lediglich durch einen knorrigen Baum symbolisiert. Für das Ausschneiden der kleinen Gebäckteile, der Zweige und des markanten Hexengesichts braucht man eine ruhige Hand und eine kleine Schere oder ein Papierschneidemesser. Mit dem Filzstift setzt man noch Details an die Leckereien auf dem Dach

Noch ist dem Frosch nicht anzusehen, daß er sich einmal in einen Königssohn verwandeln wird. Natürlich wird er dann mit der Prinzessin in sein Reich fahren und mit ihr Hochzeit halten...

Bei diesem Fensterbild wölben sich die Äste zweier Bäume zu einem wunderschönen Rahmen über die Szene. Die Zwischenräume muß man sehr vorsichtig ausschneiden, am besten mit einem Papierschneidemesser

Die letzte Szene eines bekannten Märchens präsentiert sich hier als Scherenschnitt (aus nur einem Stück Tonpapier entstanden): Der Wolf mit all den Wackersteinen im Bauch ist in den Brunnen gefallen – ein Grund zu einem Freudentanz für die sieben Geißlein und ihre Mutter

Der Butt, der einem Fischer, vor allem aber seiner unersättlichen Frau fast alle Wünsche erfüllt, wird mit diesem Bild vorgestellt „Manntje, Manntje, Timpe Te, Buttje, Buttje in der See, myne Fru, de Ilsebill, will nich so, as ik wol will." So beginnt jedes Gespräch, das der Fischer mit dem Butt führt. Stimmungsvoll wirkt das Bild durch das Transparentpapier und die dunklen Silhouetten, die darauf gut zur Geltung kommen. Ein Nähfaden dient als Angelschnur

„Ach, wie gut, daß niemand weiß, daß ich Rumpelstilzchen heiß." Bei seinem nächtlichen Tanz um das Feuer merkt das Männlein nicht, daß es vom Boten der Königin beobachtet und belauscht wird. Wie solch ein Fensterbild gemacht wird, können Sie auf Seite 11 lesen

Hoch her ging es bei den Räubern, bevor sich die Bremer Stadtmusikanten übereinander stellten und mit ihrem entsetzlichen Geschrei anfingen.

Das Fenster wird mit zwei Lagen Transparentpapier hinterklebt, die Sterne nur je mit einer einzigen Lage (Pritt Papierkleber)